Drūsilla
et convīvium magārum

a Latin Novella
by Lance Piantaggini

Poētulus Publishing
magisterp.com

Index Capitulōrum
(et Cētera)

Praefātiō

Drūsilla et convīvium magārum is the latest addition to the Pisoverse (i.e. *Rūfus lutulentus, Rūfus et arma ātra, Agrippīna: māter fortis, fragmenta Pīsōnis,* and *Pīsō Ille Poētulus*). These texts address the lack of understandable reading material available to beginning Latin students, and are written with sheltered (i.e. limited) vocabulary.

Like the *Agrippīna* novella, *Drūsilla* features a strong female lead role, and breaks social norms, both from antiquity and today. *Drūsilla* is the first novella to venture into magic and the occult, making for quite the compelling narrative, yet still exists within the context of ancient Rome.

In order to make *Drūsilla* more likely to be comprehended by the novice student, deliberate attention was paid to sheltering vocabulary while providing multiple exposures, which some refer to as "repetition." Grammar is unsheltered (i.e. free) as well, using any structure necessary to express meaning.

Drūsilla is intended to be read within the first or second year of Latin, although older students will enjoy confidence from reading something with ease. *Drūsilla* contains 58 unique words (excluding names, different forms of words, and meaning established within the text). *Drūsilla* is the first novella to be written with many "super clear cognates" generated from a shared document (see magisterp.com), which account for 14 of the 58 unique words.

A closer look at these cognates (e.g. *animal, cacāre, celebrāre, decorāre, exspectāre, familia, investīgāre, transformāre, invīsibilis, rapidē, probābiliter, suspīciōsus, mystērium, serpentēs*), other likely recognizable derivatives (e.g. *amīca, ānxia, audiō, cubiculum, etc.)*, and frequent conjunctions, prepositions, and adverbs (e.g. *ā/ab, ad, ē/ex, et, iam, in, nōn, quoque, sed, etc.)* would lower the accountable vocabulary down to 35!

Of all currently published Latin and modern language novellas, *Drūsilla* is among those with the lowest unique word count, yet is over 3400 total words in length—the longest Pisoverse novella to date! The low unique word count to high total words figure results in quite a densely comprehensible text.

The *Index Verbōrum* is rather comprehensive, with an English equivalent and example phrases from the text found under each vocabulary word. Meaning is established for every single word form in this novella.

I thank my wife's thoughts on makinging *Drūsilla* more comprehensible, though her Latin is coming along so nicely after reading the 5th novella in the Pisoverse that I might need to seek a more beginner student for the next! Lauren Aczon's illustrations from throughout the Pisoverse are featured once again, providing significant comprehension support for the novice. See more of Lauren's artwork on Instagram @leaczon, and on her blog (quickeningforce.blogspot.com).

Magister P[iantaggini]
Northampton, MA
January 30th, 2018

I
in culīnā cacābis!?

Drūsilla

Drūsillae placet cēna.[1]
Drūsillae placet cēna
optima et magna!

Drūsilla mātrem videt.
Līvia est māter Drūsillae.

mātrer, Līvia,
cēnam parat.[2]

Līvia

---

[1] **placet cēna** *likes dinner*
[2] **cēnam parat** *is preparing dinner*

Līvia cēnam optimam, sed nōn magnam, parat. cēna magna est multīs Rōmānīs.³ hodiē, cēna est Drūsillae et Sextō.⁴

Sextus

Drūsilla et Sextus nōn sunt multī Rōmānī. hodiē, cēna nōn est magna.

iam, Drūsilla est in culīnā.

aliquid bene olet.⁵

---

³ **multīs Rōmānīs** *for many Romans*
⁴ **Drūsillae et Sextō** *for Drusilla and Sextus*
⁵ **aliquid bene olet** *something smells good*

Drūsilla videt mātrem parāre[6] cēnam.
Drūsilla cēnāre vult.[7] Drūsilla cēnam
magnam cēnāre vult.

Drūsilla:
"māter, cēna bene olet!
volō cēnāre!"

Drūsilla cācabum videt.

cācabus

cācabus nōn est magnus. probābiliter
cēna nōn est pāvō.[8]

---

[6] **videt mātrem parāre** *sees mother preparing*
[7] **cēnāre vult** *wants to dine (i.e. eat)*
[8] **pāvō** *peacock*

Drūsillae placet cēnāre animālia. pāvō est animal optimum ad cēnandum.[9]

Drūsilla: "māter, māter! estne pāvō in cācabō?"

Līvia nōn bene audit.

Līvia: "Drūsilla, dī immortālēs, cacābis?![10] in culīnā cacābis?!"

Drūsilla: "māter, nōn cacābō!? nōn caCĀĀĀĀbō—sed in CĀĀĀĀcabō. estne pāvō in cācabō?"

Līvia: "pāvō nōn est in cācabō."

---

[9] **ad cēnandum** *for eating*
[10] **dī immortālēs, cacābis?!** *OMG, you will poop?!*

Drūsilla urnam quoque videt. urna magna est, sed pāvō nōn coquitur urnā.[11]

urna

Drūsilla: "māter, cēnāre volō! pāvōnem cēnāre volō!"

Līvia: "Drūsilla, pāvōnem nōn coquō. hodiē, cēna est pānis—nōn est pāvō."

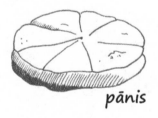

pānis

Drūsilla: "sed māāāāter, pāvōnem mālō!"[12]

Līvia: "Drūsilla, pānis est cēna bona. hodiē, cēnābimus pānem."

---

[11] **nōn coquitur urnā** *isn't cooked with a water-pot*
[12] **pāvōnem mālō** *I prefer peacock*

pānis est bonus, sed pāvō est cēna optima. Drūsillae placet pānem cēnāre, sed māvult pāvōnem cēnāre. hodiē, Līvia pāvōnem nōn coquit. hodiē, Līvia pānem coquit.

subitō, Sextus per triclīnium currit!

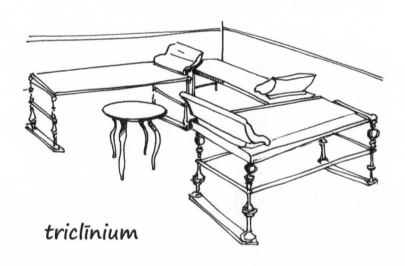

triclīnium

II
prope Rōmam!

Sextus domum rapidē cucurrit.[1] Sextus per triclīnium, et in culīnam iam currit.

Līvia:
"Cūr in culīnam curris, Sexte?!"

Sextus:

"māter, māter, pater iam est prope Rōmam!"

pater Sextī et Drūsillae est Iūlius. pater, Iūlius, erat in Britanniā. in Britanniā, Iūlius pugnābat in silvā.

---

[1] **rapidē cucurrit** *ran rapidly*

iam, Iūlius est prope Rōmam. iam, Iūlius nōn pugnat.

Līvia: "Iūlius est prope Rōmam?! celebrēmus![2] diē Veneris, celebrēmus, Sexte et Drūsilla, celebrēmus!"

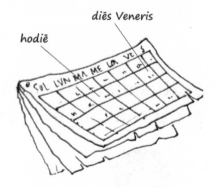

hodiē

diēs Veneris

Sextus: "celebrābitne familia amīcī, Quīntī quoque?"

Līvia: "familia Quīntī nōn celebrābit, Sexte. pater Quīntī iam est Rōmae.[3] pater Quīntī nōn erat in Britanniā. pater Quīntī nōn pugnat."

---

[2] **celebrēmus!** *Let's celebrate!*
[3] **iam est Rōmae** *is already in Rome*

Drūsilla: ...et māter Quīntī pānem nōn coquit. māter Quīntī coquit serpentēs! probābiliter māter Quīntī est maga![4]

Drūsilla: "māter, celebrābitne familia Agrippīnae quoque? pater Pīsōnis et Rūfī, Tiberius, pugnābat in Britanniā quoque. Tiberius probābiliter est prope Rōmam quoque."

Līvia: "celebrābimus, Drūsilla, familiae celebrābimus!"

diē Veneris, Līvia cēnam optimam et magnam parābit. cēna erit Drūsillae et Sextō et Iūliō et Agrippīnae et Tiberiō et Pīsōnī et Rūfō! erunt multī Rōmānī. diē Veneris, erit convīvium.[5] diē Veneris, Drūsilla et Sextus et Līvia et Iūlius triclīnium decorābunt.

---

[4] **maga** *a mage (i.e. sorcerer, witch)*
[5] **erit convīvium** *there will be a dinner party*

diē Veneris, familia Līviae et familia Agrippīnae celebrābunt.

Drūsilla vult mātrem pāvōnem coquere[6] diē Veneris. Drūsilla vult mātrem coquere pāvōnem Agrippīnae et Pīsōnī et Rūfō et Tiberiō.

Drūsilla quoque patrem, Iūlium, vidēre vult. Iūlius est prope Rōmam. Iūlius erit Rōmae diē Veneris. Drūsilla diem Veneris exspectat. mox, erit convīvium optimum.

subitō, Drūsilla aliquid suspīciōsum per fenestram videt! probābiliter nōn est bonum.[7] Drūsilla ad fenestram lentē it ad investīgandum.[8]

---

[6] **pāvōnem coquere** *to cook a peacock*
[7] **nōn est bonum** *it isn't a good thing*
[8] **ad investīgandum** *in order to investigate*

III
investīgāns

Drūsilla aliquid per fenestram vīdit. suspīciōsum fuit.[1] Drūsilla investīgāre voluit. iam, Drūsilla ad fenestram lentē et suspīciōsē it. Drūsilla, prope fenestram, aliquid videt.

est māter Quīntī.

Quīntus est amīcus Sextī. māter Quīntī est suspīciōsa. māter Quīntī pānem nōn coquit. māter Quīntī serpentēs coquit! Rōmānī serpentēs nōn coquunt. probābiliter māter Quīntī est maga. nōn est bonum!

---

[1] **suspīciōsum fuit** *it was suspicious*

māter Quīntī domum Agrippīnae lentē it.

subitō, Drūsilla videt Sextum īre[2] ad mātrem Quīntī!

Drūsilla:
"Cūr Sextus ad mātrem Quīntī it! māter Quīntī probābiliter est maga! ēheu! nōn est bonum!"

Sextus ad mātrem Quīntī lentē et suspīciōsē it. māter Quīntī aliquid Sextō dat. māter Quīntī animālia Sextō dat. animālia sunt serpentēs! māter Quīntī dat Sextō serpentēs! serpentēs magnae nōn sunt, sed Drūsillae serpentēs nōn placent.

Drūsilla: "Cūr māter Quīntī serpentēs Sextō dat? est mystērium!"

---

[2] **videt Sextum īre** *sees Sextus going*

Sextus et serpentēs ā mātre Quīntī discēdunt.[3] māter Quīntī lentē discēdit. Drūsilla investīgāre vult. Drūsilla domō discēdit, et ad mātrem Quīntī currit.

subitō, māter Quīntī ēvānuit![4]

Drūsilla: "māter Quīntī ēvānuit! māter Quīntī EST maga! dī immortālēs!"

Drūsilla mātrem Quīntī nōn videt, sed audit. Drūsilla audit mātrem Quīntī discēdere[5] domō.

Drūsilla: "estne māter Quīntī invīsibilis?"

Drūsilla mātrem Quīntī quaerit prope domum Agrippīnae. Rūfus, domī, Drūsillam audit. Rūfus audit Drūsillam per fenestram.

---

[3] **ā mātre discēdunt** *leave mother*
[4] **ēvānuit!** *vanished!*
[5] **audit mātrem discēdere** *hears the mother leaving*

Rūfus:
"maga maga curre cacat!"[6]

sunt nūgae.[7] Rūfus puer magnus nōn est. Rūfus est trēs (3). Rūfō nūgae placent.

Rūfus

Drūsilla Rūfum nōn audit. Drūsilla nōn audit nūgās Rūfī. Drūsilla nōn audit Rūfum, sed Drūsilla Pīsōnem audit:

Pīsō

Pīsō:
"**cēnēmus**[8]..."
"**cēnēmus bene, Sexte...**"
"**cēnēmus bene, Sexte, mox vidēbis!**"

---

[6] **maga maga curre cacat** *"mage mage poops, run!"* *(i.e. Rufus' nonsensical rhyme)*
[7] **sunt nūgae** *it's nonsense*
[8] **cēnēmus** *let's dine...(N.B. the line of poetry that Piso is composing is in the meter of hendecasyllables)*

Drūsilla, Pīsōnem audiēns, mātrem Quīntī nōn videt. māter Quīntī, maga, iam ēvānuit[9]—mystēriāliter ēvānuit!

 *Drūsilla: ...magae coquunt serpentēs. māter Quīntī, maga, serpentēs Sextō dedit. estne Sextus magus quoque?! coquetne Sextus serpentēs?! est mystērium!*

IV
familia Agrippīnae

Agrippīna

Līvia et Agrippīna sunt amīcae. Drūsillae placet familia Agrippīnae.

Agrippīnae et Pīsōnī et Rūfō et Tiberiō placet cēnāre et celebrāre. Agrippīnae placet coquere, sed Agrippīna serpentēs nōn coquit! Agrippīna nōn est maga. Drūsillae placet Agrippīna!

Agrippīna est māter Rōmāna. mātribus Rōmānīs placet cēnam parāre. probābiliter Agrippīnae placet cēnam parāre quoque. Drūsillae cēnam parāre nōn placet. Drūsilla cēnāre māvult.

vidētur Sextum nōn coquere.¹ Sextus est puer. puerīs Rōmānīs coquere nōn placet. puerīs Rōmānīs pugnāre placet. mātrī Quīntī placet coquere. māter Quīntī coquit, sed māter Quīntī serpentēs coquit! ēheu!

diē Veneris, familia Agrippīnae ībit domum Līviae. familia Agrippīnae ībit ad cēnandum et ad celebrandum.²

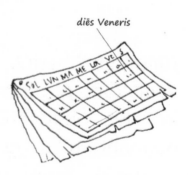

diēs Veneris

mox, erit convīvium optimum!

Drūsilla diem Veneris exspectat, sed Drūsilla ānxia est. Drūsilla nōn vult Sextum esse³ magum! Drūsilla nōn vult Sextum serpentēs coquere!

---

¹ **vidētur Sextum nōn coquere** *it seems that Sextus doesn't cook*
² **ad celebrandum** *to celebrate*
³ **nōn vult Sextum esse** *doesn't want Sextus to be*

V
piscis bonus

Iūlius et Tiberius, patrēs Rōmānī, nōn sunt Rōmae. patrēs erant in Britanniā, in silvā pugnantēs. iam, patrēs nōn pugnant. Iūlius et Tiberius sunt prope Rōmam. mox, Rōmae erunt. diē Veneris, Iūlius et Tiberius Rōmae erunt.

diēs Mercuriī

hodiē est diēs Mercuriī. Gāius est Rōmae. Gāius est in familiā Līviae. Drūsillae placet Gāius. Gāius bonus Rōmānus est. Gāius est fortis. hodiē, Gāius cēnābit in domō Līviae.

Drūsilla mātrem videt per triclīnium.

māter est in culīnā, cēnam parāns.[1]

Līvia cēnam bonam, sed nōn magnam parat. hodiē, Drūsilla et Sextus et Gāius cēnābunt. trēs Rōmānī nōn sunt multī. Gāius est magnus, sed cēna nōn est magna.

diē Veneris, Līvia cēnam optimam et magnam parābit. diē Veneris, Līvia et Drūsilla et Sextus et Iūlius exspectābunt familiam Agrippīnae. exspectābunt Agrippīnam et Pīsōnem et Rūfum et Tiberium ad cēnandum et ad celebrandum!

iam, Drūsilla est in culīnā.

---

[1] **cēnam parāns** *preparing dinner*

Drūsilla videt mātrem coquere.[2] cēna bene olet.

Drūsilla cēnāre vult. Drūsilla cēnam magnam vult. Drūsilla animal, nōn pānem, cēnāre vult.

Drūsilla:
"māter, cēnam volō! estne cēna animal? estne cēna pāvō? coquisne pāvōnem?"

Līvia:
"Drūsilla, animal coquō, sed pāvōnem nōn coquō."

Drūsilla: "estne animal in urnā?"

Līvia: "Drūsilla, animālia nōn coquuntur urnā!"[3]

---

[2] **videt mātrem coquere** *sees mother cooking*
[3] **nōn coquuntur urnā** *aren't cooked in a water-pot*

Drūsilla cācabum iam videt. probābiliter cēna nōn est pānis. pānis nōn coquitur cācabō.[4]

Drūsilla: "estne pāvō in cācabō? mālō pāvōnem cēnāre!"

Sextus Drūsillam audit, sed nōn bene audit.

Sextus:
"Drūsilla, cacābis in culīnā?! ēheu!"

Drūsilla: "Sexte, nōn cacābō!? nōn audīvistī mē bene.[5] nōn caCĀĀĀĀbō— sed in CĀĀĀĀcabō. estne pāvō in cācabō?"

Sextus:
"in cācabō est piscis."

---

[4] **nōn coquitur cācabō** *isn't cooked in a cooking-pot*
[5] **nōn audīvistī mē bene** *you didn't hear me well*

cācabus nōn est magnus. pāvō nōn est in cācabō. in cācabō est piscis.

piscis est cēna bona, sed pāvō est cēna optima. Drūsillae placet piscēs cēnāre, sed māvult pāvōnem cēnāre. Drūsilla convīvium magnum et optimum, diē Veneris, exspectat.

sed...Drūsilla ānxia est. māter Quīntī, maga, serpentēs dedit Sextō!

erat mystērium!

subitō, Drūsilla aliquid audit...

VI
serpentēs invīsibilēs

Drūsilla in culīnā erat. Drūsilla aliquid iam audīvit.[1]

Drūsilla:
"māter, audīvistīne aliquid?"

Līvia:
"audīvī urnās et cācabōs…"

Līvia nōn bene audit.

---

[1] **iam audīvit** *just heard*

Drūsilla, suspīciōsa, ad cubiculum Sextī lentē it. Drūsilla iam est prope cubiculum Sextī.

Drūsilla: ...estne animal in cubiculō Sextī? suntne animālia magna in cubiculō?

subitō, Drūsilla aliquid audit!

ssssssssssss

ēheu! sunt serpentēs! sunt serpentēs mātris Quīntī! sunt serpentēs magae in cubiculō Sextī!

ssssssssssss

Drūsilla serpentēs audit, sed nōn videt. Drūsilla vult ā cubiculō currere, sed nōn currit.

Drūsilla:
"suntne serpentēs in cubiculō? serpentēs nōn videō!"

ssssssssssss

Drūsilla cubiculum investīgat. Drūsilla serpentēs audit, sed nōn videt.

ssssssssssss

Drūsilla: "serpentēs audiō, sed nōn videō. sunt serpentēs magae, mātris Quīntī. māter Quīntī ēvānuit. māter Quīntī erat invīsibilis."

ssssssssssss

Drūsilla: "serpentēs quoque invīsibilēs sunt! dī immortālēs!"

Drūsilla ā cubiculō, in culīnam, et ad mātrem currit.

Drūsilla: "māter, māāāāter, sunt serpentēs invīsibilēs in cubiculō Sextī!"

Līvia Drūsillam audit, sed Līvia nōn vult audīre Drūsillam. sunt nūgae. Līvia nōn vult audīre nūgās Drūsillae. Līvia vult cēnam parāre.

Līvia: "bene, Drūsilla."

sunt serpentēs invīsibilēs in cubiculō Sextī. Drūsilla nōn vult Sextum esse[2] magum.

Drūsilla, ānxia, ā mātre discēdit.

---

[2] **nōn vult Sextum esse** *doesn't want Sextus to be*

VII
exspectā mātrem!

hodiē, Drūsilla cēnāre vult, sed māter nōn est domī. Sextus est domī. hodiē, Rūfus quoque est in domō Līviae. Sextus et Rūfus in culīnā sunt. Drūsilla in culīnam it.

in culīnā est pāvō!

Rūfus:
"pāāāāvōōōō, pāāāāvōōōō, in cācabō cacāāāābōōōō!"[1]

---

[1] *"peacock, peacock, I'll poop in the cooking-pot!" (i.e. Rufus' nonsensical rhyme, sung to the tune of "Ring around the rosie, pocket full of posies!")*

sunt nūgae. Rūfō nūgae placent, sed Rūfus puer magnus nōn est. Rūfus est trēs. Sextus et Drūsilla nūgās Rūfī audiunt. audiunt Rūfum, sed Sextō et Drūsillae nūgae nōn placent.

Drūsilla:
"Cūr est pāvō in culīnā, Sexte?"

Sextus:
"diē Veneris, convīvium erit! pāvō est ad cēnandum, diē Veneris. mox, cēnābimus pāvōnem!"

pāvō coquētur[2] diē Veneris. pāvō coquētur mox, sed Drūsilla vult cēnāre iam. Drūsilla pāvōnem cēnāre vult, hodiē.

---

[2] **pāvō coquētur** *the peacock will be cooked*

Sextus: "Drūsilla, volō piscem ā Forō Rōmānō. mox, māter erit domī. exspectā mātrem!"

Drūsilla: ...Sextus vult piscem ā Forō Rōmānō? nūgae! probābiliter Sextus ad Forum it ad magōs videndōs![3] probābiliter Sextus animālia suspīciōsa et invīsibilia vult! probābiliter Sextus est magus! ēheu!

subitō, Sextus domō discēdit, et ad Forum Rōmānum currit.

Sextus nōn est domī. māter nōn est domī. sed, Drūsilla...

...et pāvō...

---

[3] **ad magōs videndōs** *in order to see mages*

sunt domī.

Drūsilla cēnāre vult. Drūsilla ad pāvōnem it. pāvō videt Drūsillam, et pāvō ā Drūsillā currit! iam, Drūsilla ad pāvōnem lentē it.

subitō, pāvō
domō currit!

pāvō domō rapidē currit! Drūsilla ad pāvōnem currit, sed pāvō est rapidior![4] ēheu! Drūsilla videt pāvōnem domō currere![5]

---

[4] **rapidior** *quicker*
[5] **videt pāvōnem currere** *sees the peacock running*

VIII
Agrippīna...pugnat!?

Drūsilla pāvōnem coquere volēbat, sed pāvō domō rapidē cucurrit! pāvō rapidus fuit![1] Drūsilla lentius cucurrit. pāvō nōn ēvānuit, sed Drūsilla pāvōnem iam nōn videt.

iam, Drūsilla domō discēdit ad pāvōnem quaerendum.[2] Drūsilla pāvōnem quaerit prope domum Agrippīnae.

subitō, Drūsilla videt Agrippīnam!

---

[1] **rapidus fuit** *was quick*
[2] **ad pāvōnem quaerendum** *to search for the peacock*

Agrippīna est domī, in culīnā. Drūsilla Agrippīnam per fenestram videt. Agrippīna cēnam nōn parat.

Agrippīna...pugnat!?
dī immortālēs!

Agrippīna fortiter pugnat! Agrippīna in pālum pugnat! pālus magnus est.

Drūsilla:

"Cūr Agrippīna pugnat? Agrippīna est māter Rōmāna. mātrēs Rōmānae cēnās parant, nōn pugnant!?"

subitō, Agrippīna aliquid per fenestram videt...

IX
pugnābō in animal!

Agrippīna fortiter pugnābat in culīnā. Drūsilla vīdit Agrippīnam pugnāre.[1]

Agrippīna nōn in Rōmānōs, sed in pālum magnum pugnābat.

subitō, Agrippīna aliquid propē[2] audit.

Agrippīna:
"Pīsō, esne domī?"

---

[1] **vīdit Agrippīnam pugnāre** *saw Agrippina fighting*
[2] **aliquid propē** *something nearby*

Agrippīna Pīsōnem nōn videt.

Agrippīna: "Rūfe, esne domī?"

Agrippīna Rūfum nōn videt. Agrippīna aliquid per fenestram videt.

Agrippīna: ...estne animal prope domum? pugnābō in animal!

ēheu! Agrippīna in animal pugnāre vult!

Drūsilla — nōn animal — est prope domum Agrippīnae! Agrippīna ad fenestram lentē, suspīciōsē, et fortiter it. Agrippīna aliquid per fenestram videt.

Drūsilla rapidē discēdit! Drūsilla domō currit!

Agrippīna animal nōn videt. Agrippīna Drūsillam nōn videt. Drūsilla ad Forum Rōmānum currit ad pāvōnem quaerendum!

Drūsilla: ...Cūr Agrippīna pugnat? Agrippīna est māter Rōmāna. mātribus Rōmānīs placet coquere. māvultne Agrippīna pugnāre?! Agrippīna est māter fortis! dī immortālēs!

X
pāvōnem quaerēns

Drūsilla pāvōnem quaerit Rōmae. Rōma magna est. Drūsilla pāvōnem quaerit et quaerit et quaerit! Drūsilla iam est in Forō Rōmānō.

Forum Rōmānum

in Forō, Drūsilla pāvōnem iam quaerit, sed nōn videt. sunt multī Rōmānī in Forō. Drūsilla Rōmānōs videt, sed Drūsilla pāvōnem nōn videt. Drūsilla Rōmānōs audit.

Rōmānī:
"vīdistīne iam[1] animal?! eratne animal in Forō?!"

Rōmānī: "pāvō erat in Forō!"

Rōmānus magnus: "nūgae! pāvō nōn in Forō erat!"

Rōmānī: "nōn sunt nūgae! pāvō magnus per Forum rapidē cucurrit! ēheu! pāvō per Rōmam currit!"

---

[1] **vīdistīne iam?** *Did you just see?*

subitō, Drūsilla aliquid audit. pāvō ad silvam currit! Drūsilla videt pāvōnem Rōmā discēdere.[2]

Drūsilla per Rōmam currit, Rōmā discēdit, et in silvam it. Drūsilla in silvam lentē it.

---

[2] **videt pāvōnem discēdere** *sees the peacock leaving*

XI
in silvā

Drūsilla erat Rōmae, sed iam est in silvā! silva est magna. Drūsilla est ānxia. Drūsillae silva nōn placet. Drūsilla nōn vult esse in silvā. Drūsilla māvult esse in Forō, sed pāvō est in silvā. Drūsilla pāvōnem vult. Drūsilla pāvōnem vult ad coquendum.[1]

---

[1] **ad coquendum** *in order to cook*

in silvā, aliquid olet. aliquid bene olet. pānis bene olet, sed Drūsilla nōn videt pānem. est mystērium!

Drūsilla aliquid videt, sed nōn bene videt. Drūsilla animālia videt. sunt tria animālia propē. Drūsilla videt animālia tria per silvam currere.[2] animālia nōn sunt pāvōnēs.

iam, piscēs optimē olent, sed Drūsilla nōn videt piscēs. aliquis cēnam parat, sed Drūsilla cēnam nōn videt! Drūsilla audit aliquem coquere,[3] sed nōn videt aliquem coquere.

est mystērium!

---

[2] **videt animālia currere** *sees animals running*
[3] **audit aliquem coquere** *hears someone cooking*

 *Drūsilla: ...est cēna, sed cēna est invīsibilis! dī immortālēs! sum in silvā prope magās!*

Drūsilla videt animālia tria ad cēnam invīsibilem currere.

subitō, animālia ēvānuērunt!

XII
convīvium magārum

in silvā, erant animālia tria. animālia
per silvam currēbant. animālia ad
cēnam invīsibilem cucurrērunt, sed
animālia ēvānuērunt. erantne animālia
invīsibilia? nōn!

subitō, trēs magae sunt in silvā!

*Drūsilla: ...magae trēs
erant animālia tria! dī immortālēs!*

magae: "Cūr in silvā es, Rōmānula?"[1]

Drūsilla iam maximē ānxia[2] est!

Drūsilla:
"volō... volō pāvōnem. pāvō in... in silvam cucurrit. quaerō... quaerō pāvōnem."

magae: "Cūr pāvōnem vīs?"

Drūsilla: "volō... volō pāvōnem ad cēnandum. volō... volō cēnāre. pāvō est... est cēna optima."

magae: "pāvō nōn est in silvā. sumus in silvā. vīsne cēnāre, bona Rōmānula?"

Drūsilla iam est suspīciōsa.

---

[1] **Rōmānula** *little Roman*
[2] **maximē ānxia** *really anxious*

Drūsilla: "magae, coquētisne mē?!³ sumne cēna?! audīvī magās coquere Rōmānōs!⁴ sum Rōmāna! sum Drūsilla."

magae: "audīvistī magās coquere Rōmānōs?! nūgae! Drūsilla, sumus magae, sed Rōmānōs nōn coquimus. coquimus pānem et animālia. sumus in silvā ad celebrandum et cēnandum. nōn coquimus Rōmānōs!"

Drūsilla: ...magae mē nōn coquēbunt! magae nōn coquunt Rōmānōs. magae bonae sunt!

iam, Drūsilla videt magam esse mātrem Quīntī.⁵

---

³ **coquētisne mē?!** *Will you cook me?!*
⁴ **audīvī magās coquere Rōmānōs!** *I heard that mages cook Romans!*
⁵ **videt magam esse mātrem Quīntī** *sees that a mage is Quintus' mother*

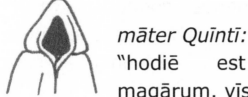

māter Quīntī:
"hodiē est convīvium magārum. vīsne celebrāre? est cēna optima. decorēmus silvam[6] et celebrēmus, Drūsilla!"

Drūsilla iam nōn est maximē ānxia. magae Rōmānōs nōn coquunt. magae sunt bonae. Drūsilla et magae bonae silvam decorant. silva est triclīnium magārum. silva est culīna magārum. in silvā, magae sunt domī.

Drūsilla videt magās trēs decorāre[7] silvam. magae decorant silvam serpentibus![8] ēheu! serpentēs nōn Drūsillae placent.

---

[6] **decorēmus silvam!** *Let's decorate the forest!*
[7] **videt magās decorāre** *sees the mages decorating*
[8] **decorant serpentibus** *decorate with serpents*

magae:
"pānis et piscēs bonī sunt ad cēnandum. pānis et piscēs sunt bonī, sed magae serpentēs mālunt! serpentēs coquimus."

cēnāre serpentēs nōn Drūsillae placent, sed convīvium bonum est. magae coquunt pānem, et piscēs. pānis et piscēs bene olent. magae quoque coquunt serpentēs ad cēnandum! serpentibus coctīs[9] silva nōn bene olet! Drūsilla serpentēs nōn cēnat. Drūsilla pānem et piscēs cēnat. magae pānem lentē cēnant, sed serpentēs rapidē cēnant. dī immortālēs!

---

[9] **serpentibus coctīs** *after serpents are cooked*

convīvium est mystērium, sed bonum! Drūsilla et magae celebrābant in silvā. Drūsilla pānem et piscēs cēnābat, sed nōn pāvōnem cēnābat.

iam, Drūsilla domum īre vult. Drūsilla pāvōnem cēnāre vult. Drūsillae cēna magna placet! convīvium bonum erat, sed Drūsilla esse domī māvult. Drūsilla iam vult[10] pāvōnem cēnāre.

Drūsilla: "magae, convīvium bonum erat, sed iam volō īre domum."

subitō, magae ēvānuērunt, sed māter Quīntī nōn ēvānuit! māter Quīntī pānem Drūsillae dat.

---

[10] **iam vult** *still wants*

māter Quīntī:
"Drūsilla, dā pānem bonum familiae! pānis est ā magīs ad cēnandum."

subitō, māter Quīntī ēvānuit! Drūsilla quoque ēvānuit!

XIII
in thermīs

in silvā, erat convīvium magārum bonum! Drūsilla et māter Quīntī erant in silvā. māter Quīntī dedit pānem Drūsillae, et ēvānuit! subitō, Drūsilla quoque ēvānuit!

iam, Drūsillae magae placent! Drūsillae nōn placēbant magae, sed iam magae placent! Drūsillae placet convīvium magārum. Drūsilla iam vult celebrāre domī. Drūsilla vult pāvōnem ad cēnandum. iam, Drūsilla est in Forō Rōmānō.

Drūsilla Rōmānōs prope Forum audit.

Rōmānī:
"erat animal in
Forō?!"

Rōmānī: "pāvō magnus per Forum rapidē cucurrit! pāvō cucurrit ad thermās!"

Drūsilla ā Forō discēdit ad pāvōnem quaerendum in thermīs.

thermae

Drūsilla iam est prope thermās.

subitō, Drūsilla aliquid audit.

Drūsilla in thermās currit. Drūsilla iam est in thermīs.

Rōmānī: "animal est in thermīs! estne pāvō!? pāvō magnus in thermīs est! ēheu! currite, currite!"

multī Rōmānī per thermās currunt. Drūsilla pāvōnem videt. sunt trēs Rōmānī prope pāvōnem. Rōmānī trēs ad pāvōnem lentē eunt.

subitō, Rōmānus magnus ad pāvōnem rapidē currit!

Rōmānus magnus: "in pāvōnem pugnā!"

Rōmānus magnus rapidē currit, sed pāvō est rapidior.

pāvō ab Rōmānō magnō rapidē discēdit. pāvō discēdit, et per thermās currit.

iam, trēs Rōmānī in pāvōnem pugnant. Rōmānī in pāvōnem pugnant, sed pāvō est rapidior! pāvō in Rōmānōs pugnat!

pāvō fortiter pugnat! pāvō pugnat et pugnat et pugnat! Drūsilla videt Rōmānōs et pāvōnem pugnāre.[1]

subitō, pāvō per fenestram currit, et ā thermīs discēdit!

---

[1] **videt Rōmānōs pugnāre** *sees Romans fighting*

iam, Drūsilla ā thermīs discēdit, et pāvōnem quaerit. Drūsilla pāvōnem quaerit, sed nōn videt pāvōnem. Drūsilla pāvōnem quaerit et quaerit et quaerit.

Drūsilla domum it, lentē.

XIV
cēna optimē olet

Drūsilla pāvōnem quaerēbat Rōmae. pāvō erat in Forō. multī Rōmānī pāvōnem vidēbant. pāvō erat in thermīs. multī Rōmānī in pāvōnem pugnābant! Drūsilla erat in Forō et in thermīs. in thermīs, pāvō ā Drūsillā cucurrit.

Drūsilla pāvōnem quaerēbat et quaerēbat et quaerēbat. Drūsilla pāvōnem nōn vidēbat. pāvō nōn ēvānuit, sed Drūsilla pāvōnem nōn videt.

iam, Drūsilla est domī.

aliquid bene — nōn — optimē olet! est cēna. cēna optimē olet! probābiliter māter est domī, cēnam parāns.

Drūsilla:
"māāāāter? esne domī? parāsne cēnam? cēna optimē olet!"

Sextus:
"Drūsilla, māter nōn est domī. sum in culīnā. coquō."

subitō, Drūsilla Sextum videt. Sextus... in culīnā cēnam parat!?

Drūsilla: "Sexte, parāsne cēnam?!"

Sextus: "cēnam parāre placet.[1] Cūr nōn?"

---

[1] **cēnam parāre placet** *preparing dinner is pleasing*

Drūsilla: "Sexte, es puer. puerī Rōmānī cēnam nōn parant!? mātrēs cēnam parant."

Sextus: "puerī pugnant, sed mālō coquere. puer sum, et cēnam parō. cēnam optimē parō, Drūsilla!"

Drūsilla: ...Agrippīna fortiter pugnat, et Sextus optimē cēnam parat. Agrippīna est Rōmāna fortis et bona. Sextus est Rōmānus bonus et coquit. dī immortālēs! sed...estne Sextus magus?

Drūsilla videt Sextum coquere[2] aliquid. Drūsilla serpentēs nōn audit. suntne serpentēs in cācabō?! ēheu!

Drūsilla iam est ānxia.

---

[2] **videt Sextum coquere** *sees Sextus cooking*

XV
coquisne serpentēs?!

in culīnā, Drūsilla vīdit Sextum cēnam parāre.[1] serpentēs invīsibilēs erant in cubiculō Sextī. serpentēs erant in cubiculō, sed Drūsilla serpentēs iam nōn audit. Drūsilla ad cācabum ānxiē it.

Drūsilla:
"suntne piscēs in cācabō? coquisne... piscēs?"

Sextus:

"nōn sunt piscēs. piscēs nōn coquō."

---

[1] **vīdit Sextum parāre** *saw Sextus preparing*

Drūsilla: "coquisne...pānem?"

Sextus: "pānem nōn coquō. pānis nōn coquitur cācabō!?"

iam, Drūsilla ā Sextō lentē et ānxiē it.

Drūsilla: "Sexte, coquisne...coquisne serpentēs?!"

Sextus: "serpentēs?! nūgae! nōn coquō serpentēs!?"

Drūsilla: "Cūr erant serpentēs invīsibilēs in cubiculō?!"

Sextus: "diē Sōlis, trēs magī dedērunt mātrī Quīntī serpentēs invīsibilēs. iam, māter Quīntī est maga fortis. est mystērium! māter Quīntī vult mē īre[2] ad Graeciam. māter Quīntī vult Syram īre ad Graeciam quoque."

---

[2] **vult mē īre** *wants me to go*

Syra est amīca Sextī. Syra bene pugnat.

Drūsilla: "Cūr ad Graeciam ībis?"

Sextus: "est aliquid...aliquid nōn bonum in Graeciā. aliquid nōn bonum est in silvā. Quīntus in Graeciā est. Quīntus in silvā quoque est! ēheu! Quīntus est amīcus optimus. Quīntus vult serpentēs. māter Quīntī vult mē dare³ serpentēs invīsibilēs Quīntō. est mystērium!"

Drūsilla: "Cūr Syra quoque ad Graeciam ībit?"

Sextus: "Syra quoque est amīca Quīntī. trēs sumus amīcī optimī. Syra fortiter pugnat. Quīntus mē et Syram exspectat. māter Quīntī vult mē et Syram investīgāre⁴ silvam in Graeciā.

³ **vult mē dare** *wants me to give*
⁴ **vult mē investīgāre** *wants me to investigate*

Sextus: "māter Quīntī quoque vult mē et Syram quaerere Quīntum in silvā."

Drūsilla: "nōn... nōn coquis serpentēs?"

Sextus: "serpentēs nōn coquō! serpentibus coctīs, culīna nōn bene oleat!?"[5]

Sextus serpentēs nōn coquit. Drūsilla iam nōn est ānxia.

Drūsilla: "Sexte, cēna optimē olet! volēbam pāvōnem coquere, sed pāvō domō cucurrit."

Sextus: "Drūsilla, pāvō domō nōn cucurrit!? pāvō est in culīnā iam!"

---

[5] **nōn bene oleat** *wouldn't smell good*

subitō, Drūsilla in cācabō magnō pāvōnem videt. pāvō est in cācabō magnō! Sextus iam pāvōnem coquit! pāvō optimē olet!

Sextus: "Drūsilla, est diēs Veneris. hodiē, cēnam magnam parāmus Agrippīnae et Pīsōnī et Rūfō et Tiberiō. hodiē est convīvium! triclīnium decorēmus!"

diēs Veneris

XVI
convīvium parāns

Iūlius iam est Rōmae, sed in Forō Rōmānō est. Iūlius in Forō est, piscēs quaerēns[1] ad cēnandum.

hodiē, Sextus coquēbat in culīnā. Sextus pāvōnem lentē coquēbat. Drūsilla est domī. iam, Sextus et Drūsilla triclīnium decorant. Sextus et Drūsilla triclīnium decorant ad celebrandum. hodiē est convīvium! iam, Līvia est domī quoque, in culīnā cēnam parāns. Līvia cēnam parat ad celebrandum. Līviae placet cēnam parāre!

---

[1] **piscēs quaerēns** *searching for fish*

Līvia cēnam parat Drūsillae et Sextō et Gāiō et Iūliō, et Agrippīnae et Pīsōnī et Rūfō et Tiberiō! sunt multī Rōmānī. hodiē, multī Rōmānī erunt in domō Līviae ad cēnandum et celebrandum.

iam, Drūsilla pānem magārum dat mātrī. Drūsilla dat pānem mātrī ad cenandum.

Drūsilla:
"māter, est pānis bonus."

Līvia:
"optimē, Drūsilla! es
bona Rōmānula!"

Drūsilla est bona Rōmānula, sed vult esse fortis quoque. Agrippīna est fortis. Agrippīna fortiter pugnat. Drūsilla quoque pugnāre vult. Drūsilla vult pugnāre fortiter.

Agrippīna est māter Rōmāna bona.
māter, Līvia, quoque est bona Rōmāna.
Līvia coquit. Sextus, puer bonus
Rōmānus, coquit quoque! Drūsilla et[2]
pugnāre et coquere vult. bonī Rōmānī
sunt!

Drūsilla et Sextus in triclīniō sunt. Gāius
triclīnium decorāre volēbat quoque.
Gāius nōn est in domō Līviae iam.
Drūsilla Gāium exspectābat, sed iam
triclīnium decorāre vult. Drūsilla
triclīnium decorat. Sextus fenestrās
decorat. triclīnium iam decorātur. pāvō
magnus coquitur, et cēna parātur.

mox, Drūsilla et Sextus et Līvia et
Agrippīna et Pīsō et Rūfus et Tiberius et
Iūlius et Gāius celebrābunt! hodiē,
convīvium erit optimum!

---

[2] **et...et...** *both...and...*

XVII
exspectāns

Iūlius erat in Forō piscēs bonōs quaerēns. Iūlius iam est domī. Iūlius piscēs Līviae dat ad coquendum. convīvium erit optimum!

iam, triclīnium decorātum est. cēna parāta est. pānis et piscēs sunt in triclīniō, et pāvō magnus coctus est.

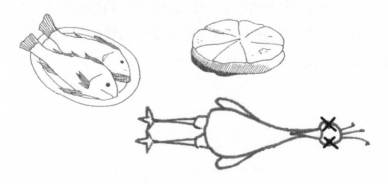

convīvium est parātum. cēna est optima et magna. mox, familiae cēnābunt.

familia Līviae Gāium exspectābat, sed Gāium nōn vīdit. est mystērium. iam, familia Līviae familiam Agrippīnae exspectat.

...probābiliter familia Agrippīnae ībit ad celebrandum...nōn?

Drūsilla et Sextus et Līvia et Iūlius familiam Agrippīnae exspectant et exspectant et exspectant...

Index Verbōrum

A

ā/ab *away, from, away from*
- ā mātre discēdere *to leave mother*
- ā cubiculō currere *to run away from the room*
- ā Forō Rōmānō *from the Forum Romanum*
- ā Drūsillā *away from Drusilla*
- ā magīs *from mages*
- ā Sextō *away from Sextus*

ad *towards, in order to, for the purpose of*
- ad cēnandum *for eating*
- it ad *goes towards*
- ad investīgandum *in order to investigate*
- ad celebrandum *in order to celebrate*
- currit ad *runs towards*
- ad magōs videndōs *in order to see mages*
- ad quaerendum *in order to search*
- ad coquendum *in order to cook*

Agrippīna *Agrippina, Livia's neighbor and friend*
- **Agrippīnae** *Agrippina*
  - familia Agrippīnae *Agrippina's family*
  - erit Agrippīnae *will be for Agrippina*
  - Agrippīnae placet *Agrippina likes*
  - it domum Agrippīnae *goes to Agrippina's house*
  - domus Agrippīnae *Agrippina's house*
- **Agrippīnam** *Agrippina*
  - exspectābunt Agrippīnam *will wait for Agrippina*
  - videt Agrippīnam *sees Agrippina*
  - vīdit Agrippīnam pugnāre *saw Agrippina fighting*

aliquem *someone*
- audit aliquem coquere *hears someone cooking*
- nōn videt aliquem coquere *doesn't see someone cooking*
- **aliquid** *something*
  - aliquid bene olet *something smells good*
  - aliquid suspīciōsum *something suspicious*
  - aliquid videt *sees something*
  - aliquid audit *hears something*
- **aliquis** *someone*
  - aliquis cēnam parat *someone is preparing dinner*

amīca *friend*
- Syra est amīca *Syra is a friend*
- **amīcae** *friends*
  - sunt amīcae *are friends*
- **amīcī** *of the friend*

familia amīcī, Quīntī *family of friend, Quintus*
amīcī *friends*
amīcī optimī *best friends*
amīcus *friend*
amīcus Sextī *Sextus' friend*
animal *animal*
animal cēnāre *to eat an animal*
animal coquō *I'm cooking an animal*
in animal pugnāre *to fight against an animal*
animal vidēre *to see an animal*
eratne animal? *Was there an animal?*
animālia *animals*
animālia cēnāre *to dine on animals*
animālia dat *is giving animals*
animālia suspīciōsa *suspicious animals*
animālia videt *sees animals*
videt animālia currere *sees animals running*
animālia ēvānuērunt *the animals vanished*
coquimus animālia *we cook animals*
ānxia *anxious*
ānxia est *is anxious*
ānxiē *anxiously*
ānxiē it *goes anxiously*
maximē ānxia *very anxious*
maximē ānxia est *is very anxious*
audiēns *hearing*
Pīsōnem audiēns *hearing Piso*
audiō *I hear*
audiō, sed nōn videō *I hear, but don't see*
audīre *to hear*
nōn vult audīre *doesn't want to hear*
audīre nūgās *to hear nonsense*
audit *hears*
nōn bene audit *doesn't hear well*
nōn videt, sed audit *doesn't see, but hears*
audit mātrem discēdere *hears the mother leaving*
nōn audit nūgās Rūfī *doesn't hear Rufus' nonsense*
aliquid audit *hears something*
audit aliquem coquere *hears someone cooking*
audiunt *(more than one) hear*
nūgās Rūfī audiunt *hear Rufus' nonsense*
audīvī *I heard*
audīvī urnās et cācabōs *I heard water-pots and cooking-pots*
audīvī magās coquere *I've heard that mages cook*
audīvistī *you heard*
nōn audīvistī mē bene *you didn't hear me well*
audīvistī magās coquere?! *You heard that mages cook?!*

audīvistīne? *Did you just hear?*
   audīvistīne aliquid? *Did you just hear something?*
audīvit *just heard*
   iam audīvit *just heard*

B, C

bene *well, good*
bona *good*
   cēna bona *good dinner*
   bona Rōmānula *good little Roman*
   bonae *good (more than one)*
      magae bonae *good mages*
   bonī *good (more than one)*
      bonī sunt *are good*
   bonōs *good (more than one)*
      piscēs bonōs quaerēns *searching for good fish*
   bonum *good*
      nōn est bonum *isn't a good thing*
      convīvium bonum *good dinner party*
      dā pānem bonum! *Give the good bread!*
   bonus *good*
      pānis est bonus *bread is good*
      piscis bonus *a good fish*
      bonus Rōmānus *a good Roman*
Britanniā *Britain*
   in Britanniā *in Britain*
cacābis *you caca, poop*
   cacābis?! *You will poop?!*
   in culīnā cacābis?! *You will poop in the kitchen?!*
   cacābō *I will poop*
      nōn cacābō!? *I will not poop!?*
   cacat *poops*
      maga maga curre cacat! *mage mage poops, run!*
cācabō *cooking-pot*
   in cācabō *in the cooking-pot*
   nōn coquitur cācabō *isn't cooked with a cooking-pot*
   cācabōs *cooking-pots*
      audīvī urnās et cācabōs *I heard water-pots and cooking-pots*
   cācabum *cooking-pot*
      cācabum videt *sees the cooking-pot*
      ad cācabum it *goes towards the cooking-pot*
   cācabus *cooking-pot*
      cācabus magnus *big cooking-pot*
celebrābant *(more than one) were celebrating*
   celebrābant in silvā *were celebrating in the forest*
   celebrābimus *we will celebrate*

familiae celebrābimus *we families will celebrate*
celebrābit *will celebrate*
nōn celebrābit *will not celebrate*
celebrābitne *will celebrate?*
celebrābitne familia? *Will the family celebrate?*
celebrābunt *(more than one) will celebrate*
familiae celebrābunt *families will celebrate*
celebrandum *in order to celebrate*
ad celebrandum *in order to celebrate*
celebrāre *to celebrate*
placet cēnāre et celebrāre *likes to dine and celebrate*
vīsne celebrāre? *Do you want to celebrate?*
vult celebrāre *wants to celebrate*
celebrēmus *let's celebrate*
celebrēmus! *Let's celebrate!*
cēna *dinner*
placet cēna *likes dinner*
cēna bene olet *dinner smells good*
cēna est pānis *bread is the dinner*
sumne cēna?! *Am I dinner?!*
cēnam *dinner*
cēnam parāre *to prepare dinner*
cēnāre cēnam magnam *to eat a big dinner*
aliquis cēnam parat *someone is preparing dinner*
cēnam nōn videt *doesn't see dinner*
ad cēnam invīsibilem *towards the invisible dinner*
cēnās *dinners*
cēnās parant *prepare dinners*
cēnābat *was dining on, was eating*
pānem et piscēs cēnābat *was eating bread and fish*
nōn pāvōnem cēnābat *wasn't eating peacock*
cēnābimus *we will eat*
cēnābimus pānem *we will eat bread*
cēnābimus pāvōnem *we will eat the peacock*
cēnābit *will eat*
cēnābit in domō Līviae *will eat in Livia's house*
cēnābunt *(more than one) will eat*
hodiē, cēnābunt *today, they will dine*
familiae cēnābunt *the families will dine*
cēnandum *for eating*
ad cēnandum *for eating*
cēnant *(more than one) eat*
lentē cēnant *slowly eat*
rapidē cēnant *eat quickly*
cēnāre *to eat*
cēnāre velle *to want to eat*
cēnāre cēnam magnam *to eat a big dinner*

cēnāre animālia *to dine on animals*
pāvōnem cēnāre *to eat peacock*
pānem cēnāre *to dine on bread*
placet cēnāre et celebrāre *likes to dine and celebrate*
cēnāre māvult *prefers to eat*
piscēs cēnāre *to eat fish*
cēnāre serpentēs *to eat serpents*
cēnat *dines on, eats*
serpentēs nōn cēnat *doesn't eat serpents*
pānem et piscēs cēnat *eats bread and fish*
cēnēmus *Let's dine!*
cēnēmus bene! *Let's dine well!*
coctīs *cooked*
serpentibus coctīs *after serpents are cooked*
coctus est *has been cooked*
pāvō coctus est *the peacock has been cooked*
convīvium *dinner party*
erit convīvium *there will be a dinner party*
convīvium magārum *mages' dinner party*
convīvium parāns *preparing the dinner party*
coquēbat *was cooking, baking*
lentē coquēbat *was slowly cooking*
coquēbunt *(more than one) will cook*
mē nōn coquēbunt *will not cook me*
coquendum *in order to cook*
ad coquendum *in order to cook*
coquere *to cook*
pāvōnem coquere *to cook peacock*
placet coquere *likes to cook*
vidētur Sextum nōn coquere *it seems like Sextus doesn't cook*
nōn vult Sextum coquere *doesn't want Sextus to cook*
videt mātrem coquere *sees mother cooking*
audit aliquem coquere *hears someone cooking*
audīre magās coquere *to hear that mages cook*
mālō coquere *I prefer to cook*
videt Sextum coquere *sees Sextus cooking*
coquētisne? *will you all cook?*
coquētisne mē?! *Will you cook me?!*
coquetne? *will cook?*
coquetne Sextus? *Will Sextus cook?*
coquētur *will be cooked*
pāvō coquētur *the peacock will be cooked*
coquimus *we cook*
Rōmānōs nōn coquimus *we don't cook Romans*
coquimus pānem et animālia *we cook bread and animals*
serpentēs coquimus *we cook serpents*

coquis *you cook*
   nōn coquis? *You aren't cooking?*
coquisne? *Are you cooking? Baking?*
   coquisne pāvōnem? *Are you cooking a peacock?*
   coquisne piscēs? *Are you cooking fish?*
   coquisne pānem? *Are you baking bread?*
   coquisne serpentēs?! *Are you cooking serpents?!*
coquit *cooks, bakes*
   māter coquit *mother cooks*
   pānem coquit *is baking bread*
   coquit serpentēs *cooks serpents*
   pāvōnem coquit *is cooking a peacock*
coquitur *is cooked*
   nōn coquitur urnā *is not cooked with a water-pot*
   nōn coquitur cācabō *isn't cooked with a cooking-pot*
   pāvō coquitur *the peacock is being cooked*
coquō *I cook*
   nōn coquō *I'm not cooking*
   animal coquō *I'm cooking an animal*
coquunt *(more than one) cook*
   serpentēs nōn coquunt *don't cook serpents*
   magae coquunt *mages cook*
   nōn coquunt Rōmānōs *don't cook Romans*
   coquunt pānem et piscēs *cook bread and fish*
coquuntur *(more than one) are cooked*
   nōn coquuntur urnā *are not cooked with a water-pot*
<u>cubiculō</u> *room, bedroom*
   in cubiculō *in the room*
   ā cubiculō currere *to run away from the room*
cubiculum *room*
   ad cubiculum it *goes towards the bedroom*
   prope cubiculum *near the room*
   cubiculum investīgat *investigates the room*
<u>cucurrērunt</u> *(more than one) ran*
   ad cēnam cucurrērunt *ran towards the dinner*
cucurrit *ran*
   cucurrit domum *ran home*
   rapidē cucurrit *quickly ran*
   lentius cucurrit *ran more slowly*
   in silvam cucurrit *ran into the forest*
   cucurrit ad *ran towards*
   ā Drūsillā cucurrit *ran away from Drusilla*
   domō cucurrit *ran away from the house*
curre *Run!*
   maga maga curre cacat! *mage mage poops, run!*
currēbant *(more than one) were running*
   per silvam currēbant *were running through the forest*

currere *to run*
    ā cubiculō currere *to run away from the room*
    videt pāvōnem currere *sees the peacock running*
    per silvam currere *to run through the forest*
curris *you run*
    Cūr curris? *Why are you running?*
currit *runs*
    currit per *runs through*
    currit domum *runs home*
    currit domō *runs away from the house*
    currit ad *runs towards*
    currit in *runs into*
    currit ā *runs away from*
    rapidē currit *runs quickly*
currite! *(more than one)* Run!
    currite, currite! *Run, run!*
currunt *(more than one) run*
    per thermās currunt *run throughout the baths*
culīna *kitchen*
    silva est culīna *the forest is the kitchen*
culīnā *kitchen*
    in culīnā *in the kitchen*
culīnam *kitchen*
    in culīnam *into the kitchen*
Cūr? *Why?*

D

dā! *Give!*
    dā pānem familiae! *Give the bread to your family!*
dare *to give*
    vult mē dare *wants me to give*
dat *gives*
    aliquid Sextō dat *gives something to Sextus*
    animālia dat *is giving animals*
    pānem dat *gives bread*
decorābunt *(more than one) will decorate*
    triclīnium decorābunt *will decorate the dining room*
decorant *(more than one) decorate*
    silvam decorant *decorate the forest*
    decorant serpentibus *decorate with serpents*
    triclīnium decorant *decorate the dining room*
decorāre *to decorate*
    videt magās decorāre *sees the mages decorating*
    decorāre velle *to want to decorate*
decorat *decorates*
    triclīnium decorat *decorates the dining room*

fenestrās decorat *decorates the windows*
decorātum est *has been decorated*
    triclīnium decorātum est *the dining room has been decorated*
decorātur *is decorated*
    triclīnium decorātur *the dining room is being decorated*
decorēmus *let's decorate*
    decorēmus silvam! *Let's decorate the forest!*
    triclīnium decorēmus! *Let's decorate the dining room!*
dedērunt *(more than one) gave*
    dedērunt serpentēs mātrī *gave serpents to the mother*
dedit *gave*
    dedit Sextō *gave to Sextus*
    pānem dedit *gave the bread*
diē *on the day*
    diē Veneris *on the day of Venus (i.e. Friday)*
    diē Sōlis *on the day of the Sun (i.e. Sunday)*
diem *day*
    diem exspectat *waits for the day*
diēs *day*
    est diēs Mercuriī *it's the day of Mercury (i.e. Wednesday)*
dī immortālēs! *Immortal gods!, Oh gods!*
discēdere *to leave*
    audit mātrem discēdere *hears the mother leaving*
    videt pāvōnem discēdere *sees the peacock leaving*
discēdit *leaves*
    lentē discēdit *leaves slowly*
    ā mātre discēdit *leaves mother*
    domō discēdit *leaves the house*
    rapidē discēdit *quickly leaves*
    Rōmā discēdit *leaves Rome*
    ā Forō discēdit *leaves the Forum*
    ā thermīs discēdit *leaves the baths*
discēdunt *(more than one) leave*
    ā mātre discēdunt *leave mother*
domī *at home*
    Rūfus, domī *Rufus, at home*
domō *from home, house*
    domō currere *to run away from the house*
    domō discēdere *to leave the house*
    in domō Līviae *in Livia's house*
domum *to home, house*
    domum currere *to run home*
    domum īre *to go home*
    prope domum Agrippīnae *near Agrippina's house*
domus *house*
    domus Agrippīnae *Agrippina's house*

Drūsilla *Drusilla, Livia's daughter*
  Drūsillā *Drusilla*
    ā Drūsillā currere *to run away from Drusilla*
  Drūsillae *Drusilla*
    Drūsillae placet *Drusilla likes*
    māter Drūsillae *Drusilla's mother*
    est Drūsillae *is for Drusilla*
    pater Drūsillae *Drusilla's father*
    pānem Drūsillae dat *gives bread to Drusilla*
  Drūsillam *Drusilla*
    Drūsillam audit *hears Drusilla*
    Drūsillam nōn videt *doesn't see Drusilla*

E, F

ēheu! *Oh no!*
erant *(more than one) were, there were*
    erant in *were in*
    erant animālia tria *there were three animals*
  erantne? *were?*
    erantne animālia invīsibilia? *Were the animals invisible?*
  erat *was*
    erat in *was in*
    erat mystērium *it was a mystery*
    erat Rōmae *was in Rome*
  eratne? *was?*
    eratne animal? *Was there an animal?*
  erit *will be*
    cēna erit *the dinner will be*
    erit convīvium *there will be a dinner party*
    erit Rōmae *will be in Rome*
    mox, erit *soon, there will be*
    erit domī *will be home*
  erunt *(more than one) will be*
    erunt multī *there will be many*
    Rōmae erunt *they will be in Rome*
    erunt in domō Līviae *will be in Livia's house*
es *you are*
    in silvā es *you are in the forest*
    es puer *you are a boy*
    es bona Rōmānula *you're a good little Roman*
  esne? *Are you?*
    esne domī? *Are you home?*
  esse *to be*
    esse magum *to be a mage*
    nōn vult esse *doesn't want to be*
    māvult esse *prefers to be*

videt magam esse *sees that a mage is*
vult esse fortis *wants to be strong*
est *is, there is*
    est māter *is a mother*
    est Drūsillae et Sextō *is for Drusilla and Sextus*
    est cēna *there is dinner*
estne *is?*
    estne pāvō? *Is the peacock?*
    estne invīsibilis? *Is she invisible?*
<u>**et**</u> *and*
    et...et... *both...and...*
<u>**eunt**</u> *(more than one) go*
    lentē eunt *go slowly*
<u>**ēvānuērunt**</u> *(more than one) vanished*
    subitō, ēvānuērunt! *Suddenly, they vanished!*
    ēvānuit *vanishes*
    subitō, ēvānuit! *Suddenly, she vanished!*
    iam ēvānuit! *just vanished!*
    mystēriāliter ēvānuit! *mysteriously vanished!*
<u>**exspectā!**</u> *Expect!, Wait!*
    exspectā mātrem! *Wait for mother!*
    exspectābat *was waiting*
    Gāium exspectābat *was waiting for Gaius*
    exspectābunt *(more than one) will wait for*
    exspectābunt familiam *will wait for the family*
    exspectāns *waiting*
    familiam exspectāns *waiting for the family*
    exspectant *(more than one) wait*
    familiam Agrippīnae exspectant *wait for Agrippina's family*
    exspectat *waits for*
    diem exspectat *waits for the day*
    mē et Syram exspectat *is expecting me and Syra*
    exspectat familiam *waits for the family*
<u>**familia**</u> *family*
    celebrābitne familia? *Will the family celebrate?*
    familiā *family*
    in familiā Līviae *in Livia's family*
    familiae *family*
    dā pānem familiae! *Give the bread to your family!*
    familiae *families*
    familiae celebrābimus *we families will celebrate*
    familiae cēnābunt *the families will dine*
    familiam *family*
    exspectāre familiam *to wait for the family*
<u>**fenestram**</u> *window*
    per fenestram *through the window*
    ad fenestram *it goes towards the window*

prope fenestram *near the window*
fenestrās *windows*
fenestrās decorat *decorates the windows*
Forō Rōmānō *The Forum, Rome's marketplace*
ā Forō Rōmānō *from the Forum Romanum*
in Forō Rōmānō *in the Forum Romanum*
ā Forō discēdit *leaves the Forum*
Forum Rōmānum *Forum*
ad Forum *towards the Forum*
per Forum *through the Forum*
fortis *strong*
est fortis *is strong*
māter fortis *strong mother*
Rōmāna fortis *strong Roman*
maga fortis *strong mage*
vult esse fortis *wants to be strong*
fortiter *fiercely, bravely*
fortiter pugnāre *to fight fiercely*
fortiter it *bravely goes*
fuit *was*
suspīciōsum fuit *it was suspicious*
pāvō rapidus fuit *the peacock was quick*

G, I

Gāiō *Gaius, Livia's brother*
parat Gāiō *prepares for Gaius*
Gāium *Gaius*
Gāium exspectābat *was waiting for Gaius*
Gāium nōn vīdit *hasn't seen Gaius*
Gāius *Gaius*
Graeciā *Greece*
in Graeciā *in Greece*
Graeciam *Greece*
ad Graeciam īre *to go to Greece*
hodiē *today*
iam *now, already, still, just*
ībis *you will go*
ad Graeciam ībis *you will go to Greece*
ībit *will go*
ībit domum Līviae *will go to Livia's home*
ad Graeciam ībit *will go to Greece*
in *in, into*
investīgandum *in order to investigate*
ad investīgandum *in order to investigate*
investīgāns *investigating*
Drūsilla, investīgāns *Drusilla, investigating*

investīgāre *to investigate*
  investīgāre velle *to want to investigate*
  investīgāre silvam *to investigate the forest*
investīgat *investigates*
  cubiculum investīgat *investigates the room*
invīsibilem *invisible*
  ad cēnam invīsibilem *towards the invisible dinner*
invīsibilēs *invisible (more than one)*
  serpentēs invīsibilēs *invisible serpents*
invīsibilia *invisible (more than one)*
  animālia invīsibilia *invisible animals*
invīsibilis *invisible*
  estne invīsibilis? *Is she invisible?*
  erat invīsibilis *she was invisible*
  cēna invīsibilis *invisible dinner*
īre *to go*
  domum īre vult *wants to go home*
  videt Sextum īre *sees Sextus going*
  vult mē īre *wants me to go*
it *goes*
  it ad *goes towards*
  lentē it *goes slowly*
  suspīciōsē it *goes suspiciously*
  it in *goes into*
  fortiter it *bravely goes*
  ānxiē it *goes anxiously*
Iūlium *Julius, Drusilla's father*
  vidēre Iūlium *to see Julius*
  Iūliō *Julius*
  erit Iūliō *will be for Julius*
  parat Iūliō *prepares for Julius*
  Iūlius *Julius*

L, M

lentē *slowly*
  lentius *more slowly*
  lentius cucurrit *ran more slowly*
Līvia *Livia, Drusilla's mother*
  Līviae *Livia*
  familia Līviae *Livia's family*
  ībit domum Līviae *will go to Livia's home*
  Līviae placet *Livia likes*
  Līviae dat *gives to Livia*
maga *mage, sorcerer, witch*
  probābiliter est maga *is probably a mage*
  EST maga *she IS a mage!*

maga maga curre cacat! *mage mage poops, run!*
magae *of the mage*
  serpentēs magae *the mage's serpents*
magae *mages*
  magae coquunt *mages cook*
  sumus magae *we're mages*
  magae serpentēs mālunt *mages prefer serpents*
  nōn placēbant magae *didn't like mages*
magam *mage*
  videt magam esse *sees that a mage is*
magārum *of the mages*
  convīvium magārum *mages' dinner party*
  triclīnium magārum *the mages' dining room*
  culīna magārum *the mages' kitchen*
  pānem magārum *the mages' bread*
magās *mages*
  prope magās *near mages*
  audīre magās coquere *to hear that mages cook*
  videt magās decorāre *sees the mages decorating*
magī *mages*
  trēs magī dedērunt *three mages gave*
magīs *mages*
  ā magīs *from us mages*
magōs *mages*
  ad magōs videndōs *in order to see mages*
magum *mage*
  esse magum *to be a mage*
magus *mage*
<u>**magna**</u> *big*
  cēna magna *big dinner*
  urna magna *big water-pot*
  Rōma magna est *Rome is big*
  silva magna *big forest*
magna *big (more than one)*
  suntne animālia magna? *Are there big animals?*
magnae *big (more than one)*
  serpentēs magnae *big serpents*
magnam *big*
  cēnam magnam *big dinner*
magnō *big*
  ab Rōmānō magnō *away from the big Roman*
  in cācabō magnō *in a big cooking-pot*
magnum *big*
  convīvium magnum *big dinner party*
  pālum magnum *big wooden stake*
magnus *big*
  cācabus magnus *big cooking-pot*

puer magnus *big boy*
Gāius est magnus *Gaius is big*
pālus magnus *big wooden stake*
Rōmānus magnus *a big Roman*
pāvō magnus *big peacock*

mālō *I prefer*
pāvōnem mālō *I prefer peacock*
mālō coquere *I prefer to cook*

mālunt *(more than one) prefer*
magae serpentēs mālunt *mages prefer serpents*

māter *mother*
māter Drūsillae *Drusilla's mother*
māter Quīntī *Quintus' mother*
māter ēvānuit *the mother vanished*

mātre *mother*
ā mātre discēdere *to leave mother*

mātrem *mother*
mātrem videt *sees mother*
videt mātrem parāre *sees mother preparing*
vult mātrem coquere *wants mother to cook*
ad mātrem *towards mother*
audit mātrem discēdere *hears the mother leaving*
mātrem Quīntī quaerit *searches for Quintus' mother*
videt mātrem coquere *sees mother cooking*
exspectā mātrem! *Wait for mother!*

mātrēs *mothers*
mātrēs nōn pugnant *mothers don't fight*

mātrī *mother*
mātrī placet *mother likes*
dare mātrī *to give to the mother*

mātribus *mothers*
mātribus Rōmānīs placet *Roman mothers like*

mātris *of the mother*
serpentēs mātris Quīntī *serpents of Quintus' mother*

māvult *prefers*
māvult pāvōnem *prefers peacock*
cēnāre māvult *prefers to eat*
māvult esse *prefers to be*

māvultne? *prefers?*
māvultne pugnāre? *Does she prefer to fight?*

maximē ānxia *very anxious*
maximē ānxia est *is very anxious*

mē *me*
nōn audīvistī mē bene *you didn't hear me well*
coquētisne mē?! *Will you cook me?!*
mē nōn coquēbunt *will not cook me*
vult mē īre *wants me to go*

vult mē dare *wants me to give*
mē et Syram exspectat *is expecting me and Syra*
vult mē investīgāre *wants me to investigate*
mox *soon*
multī *many*
    Rōmānī multī *many Romans*
    nōn sunt multī *are not many*
  multīs *many*
    est multīs Rōmānīs *is for many Romans*
mystēriāliter *mysteriously*
  mystērium *mystery*
    est mystērium! *It's a mystery!*

N, O, P

nōn *not*
nūgae *nonsense*
    sunt nūgae *it's nonsense*
    nūgae placent *likes nonsense*
    nūgae! *Nonsense!*
  nūgās *nonsense*
    nōn audit nūgās Rūfī *doesn't hear Rufus' nonsense*
    audīre nūgās *to hear nonsense*
oleat *might smell*
    culīna nōn bene oleat *the kitchen wouldn't smell good*
  olent *(more than one) smell*
    optimē olent *smell great*
    bene olent *smell good*
  olet *smells*
    bene olet *smells good*
optima *best*
    cēna optima *best dinner*
  optimam *best*
    cēnam optimam *best dinner*
  optimē *great*
    optimē olēre *to smell great*
    optimē, Drūsilla! *Great, Drusilla!*
  optimī *best (more than one)*
    amīcī optimī *best friends*
  optimum *best*
    animal optimum *best animal*
    convīvium optimum *best dinner party*
  optimus *best*
    amīcus optimus *best friend*
pālum *wooden stake for practicing fighting*
    in pālum pugnat *fights against a wooden stake*
  pālus *wooden stake*

pānem *bread*

    pānem cēnāre *to dine on bread*

    pānem coquere *to bake bread*

    nōn videt pānem *doesn't see bread*

    pānem Drūsillae dat *gives bread to Drusilla*

    dā pānem familiae! *Give the bread to your family!*

    pānem magārum *the mages' bread*

  pānis *bread*

    cēna est pānis *bread is the dinner*

    pānis bene olet *the bread smells good*

parābit *will prepare*

    cēnam parābit *will prepare a dinner*

  parāmus *we are preparing*

    hodiē, cēnam parāmus *today, we're preparing dinner*

  parāns *preparing*

    cēnam parāns *preparing dinner*

    convīvium parāns *preparing the dinner party*

  parant *(more than one) prepare*

    cēnās parant *prepare dinners*

    puerī cēnam nōn parant *boys don't prepare dinner*

  parāre *to prepare*

    videt mātrem parāre *sees mother preparing*

    cēnam parāre *to prepare dinner*

  parāsne? *you prepare?*

    parāsne cēnam? *Are you preparing dinner?*

  parat *prepares, is preparing*

    cēnam parat *prepares dinner*

    aliquis cēnam parat *someone is preparing dinner*

  parāta est *has been prepared*

    cēna parāta est *dinner has been prepared*

  parātum *prepared, ready*

    convīvium est parātum *the dinner party is ready*

  parātur *is prepared*

    cēna parātur *is being prepared*

  parō *I prepare*

    cēnam parō *I prepare dinner*

pater *father*

    pater est prope *father is near*

    pater Sextī et Drūsillae *Sextus' and Drusilla's father*

    pater Quīntī *Quintus' father*

    pater Pīsōnis et Rūfī *Piso's and Rufus' father*

  patrem *father*

    vidēre patrem *to see father*

  patrēs *fathers*

    iam, patrēs nōn pugnant *now, the the fathers aren't fighting*

pāvō *peacock*

    pāvō coquētur *the peacock will be cooked*

pāvō est rapidior *the peacock is quicker*
pāvōnem *peacock*
pāvōnem cēnāre *to eat peacock*
pāvōnem mālle *to prefer peacock*
pāvōnem coquere *to cook peacock*
videt pāvōnem currere *sees the peacock running*
pāvōnem quaerere *to search for a peacock*
pāvōnem velle *to want a peacock*
in pāvōnem pugnāre *to fight against a peacock*
pāvōnem vidēre *to see the peacock*
pāvōnēs *peacocks*
nōn sunt pāvōnēs *aren't peacocks*
per *through*
piscem *a fish*
volō piscem *I want a fish*
piscēs *(more than one) fish*
piscēs cēnāre *to eat fish*
piscēs optimē olent *the fish smell great*
nōn videt piscēs *doesn't see fish*
coquunt piscēs *cook fish*
piscēs quaerēns *searching for fish*
piscēs dat *gives fish*
piscis *a fish*
cēna est piscis *dinner is a fish*
Pīsō *Piso, Drusilla's neighbor and friend*
Pīsōnem *Piso*
Pīsōnem audīre *to hear Piso*
exspectābunt Pīsōnem *will wait for Piso*
Pīsōnem nōn videt *doesn't see Piso*
Pīsōnī *Piso*
erit Pīsōnī *will be for Piso*
Pīsōnī placet *Piso likes*
Pīsōnis *Piso*
pater Pīsōnis *Piso's father*
placēbant *liked (more than one thing)*
Drūsillae nōn placēbant *Drusilla didn't like*
placent *likes (more than one thing)*
serpentēs nōn placent *doesn't like serpents*
nūgae placent *likes nonsense*
magae placent *likes mages*
placet *likes*
Drūsillae placet *Drusilla likes*
Agrippīnae placet *Agrippina likes*
Pīsōnī placet *Piso likes*
Rūfō placet *Rufus likes*
Tiberiō placet *Tiberius likes*
mātribus Rōmānīs placet *Roman mothers like*

puerīs Rōmānīs nōn placet *Roman boys don't like*
mātrī placet *mother likes*
probābiliter *probably*
prope *near*
  propē *nearby*
puer *boy*
    es puer *you're a boy*
    sum puer *I'm a boy*
  puerī *boys*
    puerī cēnam nōn parant *boys don't prepare dinner*
    puerī pugnant *boys fight*
  puerīs *boys*
    puerīs Rōmānīs nōn placet *Roman boys don't like*
pugnā! *Fight!*
    in pāvōnem pugnā! *Fight against the peacock!*
pugnābant *(more than one) were fighting*
    Rōmānī pugnābant *Romans were fighting*
pugnābat *was fighting*
    Iūlius pugnābat *Julius was fighting*
    fortiter pugnābat *was fiercely fighting*
pugnābō *I will fight*
    pugnābō in animal! *I will fight against the animal!*
pugnant *(more than one) fight*
    iam, nōn pugnant *now, they're not fighting*
    mātrēs nōn pugnant *mothers don't fight*
    in pāvōnem pugnant *fight against the peacock*
    puerī pugnant *boys fight*
pugnantēs *(more than one) fighting*
    in silvā, pugnantēs *in the forest, fighting*
pugnāre *to fight*
    pugnāre placet *likes to fight*
    pugnāre vult *wants to fight*
    vīdit Agrippīnam pugnāre *saw Agrippina fighting*
    in animal pugnāre *to fight against an animal*
    māvultne pugnāre? *Does she prefer to fight?*
    videt Rōmānōs pugnāre *sees Romans fighting*
pugnat *fights*
    fortiter pugnat *fights fiercely*
    in pālum pugnat *fights against a wooden stake*
    in Rōmānōs pugnat *fights against the Romans*

Q, R
quaerēbat *was searching*
    pāvōnem quaerēbat *was searching for the peacock*
  quaerendum *in order to search*
    ad quaerendum *in order to search*

quaerēns *searching*
  pāvōnem quaerēns *searching for the peacock*
  piscēs quaerēns *searching for fish*
quaerere *to search*
  vult mē quaerere *wants me to search*
quaerit *searches*
  mātrem Quīntī quaerit *searches for Quintus' mother*
  pāvōnem quaerit *searches for the peacock*
quaerō *I search*
  quaerō pāvōnem *I'm searching for the peacock*
Quīntī *Quintus, friend of Sextus*
  familia amīcī, Quīntī *family of friend, Quintus*
  pater Quīntī *Quintus' father*
  māter Quīntī *Quintus' mother*
  amīca Quīntī *Quintus' friend*
Quīntō *Quintus*
  dare Quīntō *to give to Quintus*
Quīntum *Quintus*
  vult mē quaerere Quīntum *wants me to search for Quintus*
Quīntus *Quintus*
quoque *also*
rapidē *rapidly, quickly*
rapidior *quicker*
  pāvō est rapidior *the peacock is quicker*
rapidus *quick*
  pāvō rapidus fuit *the peacock was quick*
Rōma *Rome*
Rōmā *from Rome*
  Rōmā discēdere *to leave Rome*
Rōmae *in Rome*
  iam est Rōmae *is already in Rome*
  esse Rōmae *to be in Rome*
Rōmam *Rome*
  prope Rōmam *near Rome*
  per Rōmam *through Rome*
Rōmāna *Roman*
  māter Rōmāna *Roman mother*
  sum Rōmāna *I'm a Roman*
Rōmānae *Roman (more than one)*
  mātrēs Rōmānae *Roman mothers*
Rōmānī *Roman (more than one), Romans*
  multī Rōmānī *many Romans*
  Rōmānī nōn coquunt *Romans don't cook*
  patrēs Rōmānī *Roman fathers*
  trēs Rōmānī *three Romans*
  puerī Rōmānī *Roman boys*
  bonī Rōmānī *good Romans*

Rōmānīs *Romans*
>est multīs Rōmānīs *is for many Romans*
>mātribus Rōmānīs placet *Roman mothers like*
>puerīs Rōmānīs nōn placet *Roman boys don't like*

Rōmānō *Roman*
>ab Rōmānō magnō discēdit *goes away from the big Roman*

Rōmānōs *Romans*
>in Rōmānōs nōn pugnābat *wasn't fighting against Romans*
>Rōmānōs videt *sees Romans*
>Rōmānōs audit *hears Romans*
>coquere Rōmānōs *to cook Romans*
>in Rōmānōs pugnat *fights against the Romans*
>videt Rōmānōs pugnāre *sees Romans fighting*

Rōmānula *little Roman*
>in silvā es, Rōmānula *you're in the forest, little Roman*
>bona Rōmānula *good little Roman*

Rōmānus *Roman*
>bonus Rōmānus *a good Roman*
>Rōmānus magnus *a big Roman*

Rūfe *Rufus, Drusilla's neighbor and friend*
>Rūfe, esne domī? *Rufus, are you home?*

Rūfī *Rufus*
>pater Rūfī *Rufus' father*
>nōn audit nūgās Rūfī *doesn't hear Rufus' nonsense*

Rūfō *Rufus*
>erit Rūfō *will be for Rufus*
>Rūfō placet *Rufus likes*

Rūfum *Rufus*
>Rūfum nōn audit *doesn't hear Rufus*
>exspectābunt Rūfum *will wait for Rufus*
>Rūfum nōn videt *doesn't see Rufus*

Rūfus *Rufus*

S

sed *but*
serpentēs *serpents*
>serpentēs coquere *to cook serpents*
>serpentēs dat *is giving serpents*
>serpentēs nōn placent *doesn't like serpents*
>serpentēs mātris Quīntī *serpents of Quintus' mother*
>serpentēs audit, sed nōn videt *hears, but doesn't see serpents*
>serpentēs nōn videō *I don't see serpents*
>magae serpentēs mālunt *mages prefer serpents*
>serpentēs cēnāre *to dine on serpents*
>vult serpentēs *wants serpents*

serpentibus *serpents*
 decorant serpentibus *decorate with serpents*
 serpentibus coctīs *after serpents are cooked*
Sexte *Sextus, Drusilla's brother*
 Sexte... *O, Sextus...*
 Sextī *Sextus*
  pater Sextī *Sextus' father*
  amīcus Sextī *Sextus' friend*
  cubiculum Sextī *Sextus' room*
  amīca Sextī *Sextus' friend*
 Sextō *Sextus*
  est Sextō *is for Sextus*
  aliquid Sextō dat *gives something to Sextus*
  Sextō dedit *gave to Sextus*
  ā Sextō it *goes away from Sextus*
 Sextum *Sextus*
  videt Sextum īre *sees Sextus going*
  vidētur Sextum nōn coquere *it seems like Sextus doesn't cook*
  nōn vult Sextum esse *doesn't want Sextus to be*
  nōn vult Sextum coquere *doesn't want Sextus to cook*
  videt Sextum coquere *sees Sextus cooking*
 Sextus *Sextus*
silva *forest*
 silva nōn placet *doesn't like the forest*
 silva est triclīnium *the forest is the dining room*
 silva est culīna *the forest is the kitchen*
 silvā *forest*
  in silvā *in the forest*
 silvam *forest*
  ad silvam currit *runs towards the forest*
  in silvam *into the forest*
  per silvam currere *to run through the forest*
  silvam decorāre *to decorate the forest*
  investīgāre silvam *to investigate the forest*
subitō *suddenly*
sum *I am*
 sum in silvā *I'm in the forest*
 sum Rōmāna *I'm a Roman*
 sum Drūsilla *I'm Drusilla*
 sum in culīnā *I'm in the kitchen*
 puer sum *I'm a boy*
 sumne? *am I?*
  sumne cēna?! *Am I dinner?!*
 sumus *we are*
  sumus in silvā *we're in the forest*
  sumus magae *we're mages*
  sumus amīcī *we're friends*

sunt *(more than one) are, there are*
    nōn sunt multī *are not many*
    animālia sunt serpentēs *the animals are serpents*
    sunt nūgae *it's nonsense*
    sunt tria *there are three*
    nōn sunt pāvōnēs *aren't peacocks*
  suntne? *are?*
    suntne animālia magna? *Are there big animals?*
suspīciōsa *suspicious*
    māter suspīciōsa *suspicious mother*
    Drūsilla, suspīciōsa *Drusilla, suspicious*
  suspīciōsa *suspicious (more than one)*
    animālia suspīciōsa *suspicious animals*
  suspīciōsē *suspiciously*
    suspīciōsē it *goes suspiciously*
  suspīciōsum *suspicious*
    aliquid suspīciōsum *something suspicious*
    suspīciōsum fuit *it was suspicious*
Syra *Syra, Sextus' friend*
  Syram *Syra*
    vult Syram īre *wants Syra to go*
    mē et Syram exspectat *is expecting me and Syra*
    vult Syram investīgāre *wants Syra to investigate*

T

thermās *baths*
    ad thermās *towards the baths*
    prope thermās *near the baths*
    in thermās currit *runs into the baths*
    per thermās currere *to run throughout the baths*
  thermīs *baths*
    in thermīs *in the baths*
    ā thermīs discēdit *leaves the baths*
Tiberiō *Tiberius, Piso's and Rufus' father*
    erit Tiberiō *will be for Tiberius*
    Tiberiō placet *Tiberius likes*
  Tiberium *Tiberius*
    exspectābunt Tiberium *will wait for Tiberius*
  Tiberius *Tiberius*
trēs *three*
    est trēs *is three (i.e. years old)*
    trēs magae *three mages*
    trēs Rōmānī *three Romans*
    trēs magī dedērunt *three mages gave*
    trēs sumus *we three are*

tria *three*
    tria animālia *three animals*
triclīniō *dining room*
    in triclīniō *in the dining room*
  triclīnium *dining room*
      per triclīnium *through the dining room*
      triclīnium decorāre *to decorate the dining room*
      silva est triclīnium *the forest is the dining room*

U, V

urna *water-pot*
  urnā *water-pot*
    in urnā *in the water-pot*
    coquere urnā *to cook with a water-pot*
  urnam *water-pot*
    urnam videt *sees the water-pot*
  urnās *water-pots*
    audīvī urnās et cācabōs *I heard water-pots and cooking-pots*
vidēbant *(more than one) saw*
    pāvōnem vidēbant *saw the peacock*
  vidēbat *saw*
    pāvōnem nōn vidēbat *didn't see the peacock*
  vidēbis *you will see*
    mox vidēbis *soon, you will see*
  videndōs *in order to see (more than one)*
    ad magōs videndōs *in order to see mages*
  videō *I see*
    serpentēs nōn videō *I don't see serpents*
  vidēre *to see*
    vidēre vult *wants to see*
  videt *sees*
    videt mātrem parāre *sees mother preparing*
    urnam quoque videt *also sees the water-pot*
    videt Sextum īre *sees Sextus going*
    videt mātrem coquere *sees mother cooking*
    audit, sed nōn videt *hears, but doesn't see*
    videt pāvōnem currere *sees the peacock running*
    videt pāvōnem discēdere *sees the peacock leaving*
    nōn bene videt *doesn't see well*
    videt animālia currere *sees animals running*
    nōn videt aliquem coquere *doesn't see someone cooking*
    videt magam esse *sees that a mage is*
    videt magās decorāre *sees the mages decorating*
    videt Rōmānōs pugnāre *sees Romans fighting*
    videt Sextum coquere *sees Sextus cooking*

vidētur *is seen, it seems*
    vidētur Sextum nōn coquere *it seems like Sextus doesn't cook*
vīdistīne? *saw?*
    vīdistīne iam animal?! *Did you just see an animal?*
vīdit *saw*
    aliquid vīdit *saw something*
    vīdit Agrippīnam pugnāre *saw Agrippina fighting*
    vīdit Sextum cēnam parāre *saw Sextus preparing dinner*
    Gāium nōn vīdit *hasn't seen Gaius*
vīs *you want*
    pāvōnem vīs *you want a peacock*
vīsne? *you want?*
    vīsne cēnāre? *Do you want to dine?*
    vīsne celebrāre? *Do you want to celebrate?*
volēbam *I wanted*
    volēbam coquere *I wanted to cook*
volēbat *wanted*
    coquere volēbat *wanted to cook*
    decorāre volēbat *wanted to decorate*
volō *I want*
    volō cēnāre *I want to eat*
    volō piscem *I want a fish*
    volō pāvōnem *I want a peacock*
    volō īre *I want to go*
voluit *wanted*
    investīgāre voluit *wanted to investigate*
vult *wants*
    cēnāre vult *wants to eat*
    vult mātrem coquere *wants mother to cook*
    vidēre vult *wants to see*
    investīgāre vult *wants to investigate*
    nōn vult Sextum coquere *doesn't want Sextus to cook*
    vult currere *wants to run*
    nōn vult audīre *doesn't want to hear*
    pugnāre vult *wants to fight*
    nōn vult esse *doesn't want to be*
    īre vult *wants to go*
    vult celebrāre *wants to celebrate*
    vult mē īre *wants me to go*
    vult Syram īre *wants Syra to go*
    vult mē dare *wants me to give*
    vult mē quaerere *wants me to search*
    vult esse fortis *wants to be strong*
    pugnāre vult *wants to fight*
    decorāre vult *wants to decorate*

Pisoverse Novellas & Resources

Magister P's Pop-Up Grammar

Pop-Up Grammar occurs when a student—not teacher—asks about a particular language feature, and the teacher offers a very brief explanation in order to continue communicating (i.e. interpreting, negotiating, and expressing meaning during reading or interacting).

Teachers can use this resource to provide such explanations, or students can keep this resource handy for reference when the teacher is unavailable. Characters and details from the Pisoverse novellas are used as examples of the most common of common Latin grammar.

Rūfus lutulentus
(20 words)

Was there a time when you or your younger siblings went through some kind of gross phase? Rufus is a Roman boy who likes to be muddy. He wants to be covered in mud everywhere in Rome, but quickly learns from Romans who bathe daily that it's not OK to do so in public. Can Rufus find a way to be muddy?

Rūfus et Lūcia: līberī lutulentī
(25-70 words)

Lucia, of Arianne Belzer's Lūcia: puella mala, joins Rufus in this collection of 18 additional stories. This muddy duo has fun in the second of each chapter expansion. Use to provide more exposure to words from the novella, or as a Free Voluntary Reading (FVR) option for all students, independent from Rūfus lutulentus.

Syra sōla
(29 words)

Syra likes being alone, but there are too many people everywhere in Rome! Taking her friend's advice, Syra travels to the famous coastal towns of Pompeii and Herculaneum in search of solitude. Can she find it?

Syra et animālia
(35-85 words)

In this collection of 20 additional stories, Syra encounters animals around Rome. Use to provide more exposure to words from the novella, or as a Free Voluntary Reading (FVR) option for all students, independent from Syra sōla.

Poenica purpurāria
(16 cognates, 19 other words)

Poenica is an immigrant from Tyre, the Phoenician city known for its purple. She's an extraordinary purple-dyer who wants to become a tightrope walker! In this tale, her shop is visited by different Romans looking to get togas purpled, as well as an honored Vestal in need of a new trim on her sacred veil. Some requests are realistic—others ridiculous. Is life all work and no play? Can Poenica find the time to tightrope walk?

Pīsō perturbātus
(36 words)

Piso minds his Ps and Qs..(and Cs...and Ns and Os) in this alliterative tongue-twisting tale touching upon the Roman concepts of ōtium and negōtium. Before Piso becomes a little poet, early signs of an old curmudgeon can be seen.

Drūsilla in Subūrā
(38 words)

Drusilla is a Roman girl who loves to eat, but doesn't know how precious her favorite foods are. In this tale featuring all kinds of Romans living within, and beyond their means, will Drusilla discover how fortunate she is?

Rūfus et arma ātra
(40 words)

Rufus is a Roman boy who excitedly awaits an upcoming fight featuring the best gladiator, Crixaflamma. After a victorious gladiatorial combat in the Flavian Amphitheater (i.e. Colosseum), Crixaflamma's weapons suddenly go missing! Can Rufus help find the missing weapons?

Rūfus et gladiātōrēs
(49-104 words)

This collection of 28 stories adds details to characters and events from Rūfus et arma ātra, as well as additional, new cultural information about Rome, and gladiators. Use to provide more exposure to words from the novella, or as a Free Voluntary Reading (FVR) option for all students, independent from Rūfus et arma ātra.

Quīntus et nox horrifica
(26 cognates, 26 other words)

Monsters and ghosts...could they be real?! Is YOUR house haunted? Have YOU ever seen a ghost? Quintus is home alone when things start to go bump in the night in this scary novella. It works well with any Roman House unit, and would be a quick read for anyone interested in Pliny's ghost story.

Pīsō et Syra et pōtiōnēs mysticae
(163 cognates, 7 other words)

Piso can't seem to write any poetry. He's distracted, and can't sleep. What's going on?! Is he sick?! Is it anxiety?! On Syra's advice, Piso seeks mystical remedies that have very—different—effects. Can he persevere?

Drūsilla et convīvium magārum
(58 words)

Drusilla lives next to Piso. Like many Romans, she likes to eat, especially peacocks! As the Roman army returns, she awaits a big dinner party celebrating the return of her father, Julius. One day, however, she sees a suspicious figure give something to her brother. Who was it? Is her brother in danger? Is she in danger?

Agrippīna: māter fortis
(65 words)

Agrippīna is the mother of Rūfus and Pīsō. She wears dresses and prepares dinner like other Roman mothers, but she has a secret—she is strong, likes wearing armor, and can fight just like her husband! Can she keep this secret from her family and friends?

Līvia: māter ēloquens
(44-86 words)

Livia is the mother of Drusilla and Sextus. She wears dresses and prepares dinner like other Roman mothers, but she has a secret—she is well-spoken, likes wearing togas, and practices public speaking just like her brother, Gaius! Can she keep this secret from her family and friends? Livia: mater eloquens includes 3 versions under one cover. The first level, (Alpha), is simpler than Agrippina: mater fortis; the second level, (Beta) is the same level, and the third, (Gamma-Delta) is more complex.

trēs amīcī et mōnstrum saevum
(87 words)

What became of the quest that Quintus' mother entrusted to Sextus and Syra in Drūsilla et convīvium magārum? Quintus finds himself alone in a dark wood (or so he thinks). Divine intervention is needed to keep Quintus safe, but can the gods overcome an ancient evil spurred on by Juno's wrath? How can Quintus' friends help?

fragmenta Pīsōnis
(96 words)

This collection of poetry is inspired by scenes and characters from the Pisoverse, and features 50 new lines of poetry in dactylic hexameter, hendecyllables, and scazon (i.e. limping iambics)! fragmenta Pīsōnis can be used as a transition to the Piso Ille Poetulus novella, or as additional reading for students comfortable with poetry having read the novella already.

Pīsō Ille Poētulus
(108 words)

Piso is a Roman boy who wants to be a great poet like Virgil. His family, however, wants him to be a soldier like his father. Can Piso convince his family that poetry is a worthwhile profession? Features 22 original, new lines of dactylic hexameter.

Pīsō: Tiered Versions
(68-138 words)

This novella combines features of Livia: mater eloquens with the tiered versions of the Piso Ille Poetulus story taken from its Teacher's Guide and Student Workbook. There are 4 different levels under one cover, which readers choose, switching between them at any time (e.g. moving up a level for a challenge, or down a level for faster reading and/or higher confidence). Piso: Tiered Versions could be used as scaffolding for reading the original novella, Piso Ille Poetulus. Alternatively, it could be read independently as a Free Voluntary Reading (FVR) option, leaving it up to the learner which level to read.

sīgna zōdiaca Vol. 1
(63 cognates, 84 other words)
sīgna zōdiaca Vol. 2
(63 cognates, 92 other words)

Do you like stories about gods and monsters? Did you know that the zodiac signs are based on Greek and Roman mythology? Your zodiac sign can tell you a lot about yourself, but not everyone feels that strong connection. Are your qualities different from your sign? Are they the same? Read signa zodiaca to find out! These readers are part non-fiction, and part Classical adaptation, providing information about the zodiac signs as well as two tiered versions of associated myths.

Tiberius et Gallisēna ultima
(155 words)

Tiberius is on the run. Fleeing from an attacking Germanic tribe, the soldier finds himself separated from the Roman army. Trying to escape Gaul, he gets help from an unexpected source—a magical druid priestess (a "Gaul" in his language, "Celt" in hers). With her help, can Tiberius survive the punishing landscape of Gaul with the Germanic tribe in pursuit, and make his way home to see Rufus, Piso, and Agrippina once again?

...and more!

See magisterp.com for the latest:

teacher's materials
other books
audio